子育て

あるある美行官

著 ズボラかーちゃん

JN195906

CONTENTS

第 1 章

マタニティライフあるある

The Common Scenarios of Pregnant Women

チョコ一個くらいいいよね？

増える体重。増える食欲。

チョコ一個くらいいいよね？
増える体重。増える食欲。

天使：「食べたら？お腹空いたんでしょ？無理は禁物よ。今食べるのは愛の
行為よ！愛のカロリーはゼロって科学的にも証明されてるわ！」（※天使調べ）

悪魔：「そんなカロリー爆弾こんな時間に食べるの？この間妊婦健診の時、
体重増加にツッコミ入れられてたじゃん！ちょっとは気にしたらどう？」

食べたい！…いや、控えるべきか…私の中の天使と悪魔がしょっちゅう戦って
るけど、大概自分に都合の悪い言葉は無視（コラ）

結局「今は二人分食べないといけないし…食べてもいっ
か」って欲に負けちゃうまでがデフォルトなのである。

#世界一使える言い訳「今は二人分」

作品名　カタリーナ・デ・アラゴン（マグダラのマリアに倣って）
　　　　15世紀から16世紀の間／油彩・パネル

作　者　ミケル・シトウ（Michael Sittow）
　　　　およそ1468〜1525年または1526年

この絵画は、フランドル派の宮廷画家ミケル・シトウが、イン
グランド王ヘンリー八世の最初の王妃であるスペイン王女カタ
リーナ・デ・アラゴン（キャサリン・オブ・アラゴン）を、マ
グダラのマリアに倣って描いたものとされています。シトウの
主なパトロンであったカスティーリャ女王イザベル一世ではな
いかとする説もあります。

今一つ夢が叶うなら

「うつ伏せで寝たい」

今一つ夢が叶うなら
「うつ伏せで寝たい」

お腹を気にしないなんてことは出来ないけど、たまには体勢を気にせず好きな格好で寝たいぃぃ〜〜!!!!!!何の気なしに寝ていたあのうつ伏せスタイル(よだれまでがセット♡w)が猛烈に恋しくなる妊娠後期。「うつ伏せ寝」は長い妊娠期間を終えた後のママの楽しみの1つなのであ〜る。にしても夜はどの体勢で寝ても全然しっくり来ないし、トイレは近いし、変な夢見るし…赤ちゃん産む前から既に試練の道始まってない?寝るってこんなにしんどい行為だったっけ?

作品名 ダイアナの休息
1845年／油彩・カンヴァス
作 者 ジャン=フランソワ・ミレー(Jean-François Millet)
1814 〜 1875年

ローマ神話に登場する狩猟の女神ダイアナが、狩りの後に優雅に休息する姿を写実的に描いた絵画です。1849年、パリでコレラが流行したことや支援者の失脚から、ミレーはバルビゾン村に移住し、本格的に農民画を書き始めました。1851年、サロンに《種をまく人》を提出して入選。その後も、《落穂拾い》など農民画を中心にサロンへの応募を続けました。

イビキすごいわ

胎動痛いわ、

胎動痛いわ、イビキすごいわ

日々重たくなる身体。やたらと夜中に目が覚める。トイレの回数が年パス保持者レベル。そんな時に、横でガーガーッとイビキをかいて気持ちよさそうに寝ている夫を見ると、なんとも言えない感情が湧き上がる。決して夫が憎いわけではない。ただシンプルに羨ましい（笑）1つのお腹で一緒に赤ちゃんを育てられたらいいのに…と変な思考に陥る深夜。
#こじらせ女子爆誕
そんなことは無理なことだって頭では分かっているし、夫も夫で頑張ってくれているのにね！（笑）妊婦の深夜の思考回路は危険がいっぱい♡（笑）

作品名　眠れるホットスパーを見守るレディ・パーシー
　　　　1781年／水彩・黒インク・グラファイト紙
作　者　メアリー・ホア（Mary Hoare）
　　　　1744 ～ 1820年

シェイクスピアの劇「ヘンリー四世 第一部」のワンシーンで、反乱軍を率いるホットスパーに思いをぶつける妻レディ・パーシーを描いた絵画です。作者のメアリー・ホアは、イギリスのバースで人気のあった肖像画家ウィリアム・ホアの娘です。弟のプリンス・ホアも画家であり、劇作家でもありました。メアリー・ホアの生涯についてはあまり知られていませんが、1761年から1764年にかけて水彩やドローイングで制作した作品を英国芸術家協会と自由芸術家協会に出展しています。

「私がママになんてなれるのかな」

よその子を見て急におセンチ

「私がママになんてなれるのかな」
よその子を見て急におセンチ

子どもって可愛いなぁ…♡いやでも待てよ…？実際問題私がママになんてなれるのか？そういやお金って足りるんかな？なんとかなる…よね…？てか産むの怖っ！陣痛ってどんなん？そもそも出産ってマジで鼻からスイカなの？え、私なんかに子どもが育てられるのかー!?!?なんか考えれば考える程怖くなってきた…。まだどっちかというと親に甘えたいくらいなのに！（笑）「妊娠7ヵ月　赤ちゃん　大きさ」って調べてこんな大きさの生き物が自分のお腹の中にいるのか…と、赤ちゃんに会えるのはすごく楽しみだけど、言葉にならない不安がそれはそれは突然に襲ってくる時もあるんだよね。#噂のマタニティブルー

作品名　Amarilla
　　　　1878～1879年／油彩・カンヴァス
作　者　フレデリック・レイトン（Frederic Leighton）
　　　　1830～1896年

海岸線を見下ろす石壁の前でポーズをとる褐色がかった髪の少女の肖像画。作者の初代レイトン男爵フレデリック・レイトンは、歴史的、聖書的、古典的な主題をアカデミックなスタイルで描いていた人物です。24歳のときにヨーロッパ初の絵画教育機関アッカデミア・ペッレ・アルティ（現アカデミア美術館）で学びました。

「飲み会いっていい?

一次会で帰るから」

「飲み会いっていい？
一次会で帰るから」

こちとら日々変わりゆく身体に戸惑ったり、お腹で赤ちゃんを育てている分色々なことに気を遣って生活しているのにもかかわらず…生活ペースが前となんら変わりない夫にイライラしてしまうことが多々。飲み会に出掛ける夫に「行ってらっしゃ〜い♡」と笑顔で言えない私がいる。#感情が日本海の荒波

分かってる。分かってるんだよ、夫にも大切な付き合いがあることは、頭では分かっている。だがしかしだ。笑顔で送り出すなんて結構むりげーじゃない？（笑）だって私だって仲間と「ぷはー！かんっぱ〜〜〜い！！」ってしたいよ。お酒も飲みたい。「会社の大切な付き合い」その名目でもサクッと出掛けてお酒が飲めるの…嗚呼…羨ましいの極み。

作品名　井戸端のキリストとサマリア人の女
　　　　1818年／油彩・カンヴァス
作　者　フェルディナント・ゲオルク・ヴァルトミュラー
　　　　（Ferdinand Georg Waldmüller） 1793 〜 1865 年

新約聖書「ヨハネによる福音書　第四章」に書かれたキリストがヤコブの井戸でサマリア人の女性と出会い赦しを与えるシーンを描いた絵画です。作者のヴァルトミュラーはオーストリア帝国のビーダーマイヤー時代の画家で、肖像画家として活躍しました。本画のモチーフはキリスト教絵画においてしばしば登場し、この絵はバロック時代の巨匠アンニーバレ・カラッチの作品の部分的な模写とされています。

拝啓、神様

つわりが終わる日はいつですか

拝啓、神様
つわりが終わる日はいつですか

え、ちょ…つわりってこんなしんどいの？そんなこと学校で習わなかった
よ？（泣）何？この船酔いのデラックス版。無期限航海なの？せめて終
わる日教えてもろて？（笑）
終わりの見えない暗ぁ〜いトンネルを1人寂しく歩いているような感覚。
そして毎日変わる食べ物の好み。自分自身も自分の好みに振り回されて
しんどいのなんの。昨日めちゃくちゃ食べたかったモノを今日は欲さな
い…。食べないのも気持ちが悪いし、かと言って食べ
すぎても気持ち悪い。
妊婦きっつ。つわりきっつ〜！！！！！

作品名　溺死
　　　　1893年／パステル・カートン
作　者　ヤクプ・シカネーダー（Jakub Schikaneder）
　　　　1855 〜 1924年

水際に横たわる溺死した女性の遺体の絵画。下層階級
の人々を好んで描いたチェコの画家ヤコブ・シカネー
ダーの作品です。シカネーダーの作品には、この絵の
ように無力な女性の遺体がしばしば登場します。これ
はシカネーダーの独創というわけではありません。当
時の画家の間では、絶望や無力、堕落を象徴するモチー
フとして女性の遺体を描くことが流行していました。

寝ても寝ても眠い

すぐ愛し合うまぶた

寝ても寝ても眠い
すぐ愛し合うまぶた

ド級の睡眠欲。なんかやばい実でも食べた…？ってくらいの謎の眠気ｗ
上まぶたと下まぶたがこれ完全にフォーリンラブしちゃってますね。お昼寝しっ
かりしたはずなのに夜にはまたちゃーんと眠たくなる不思議。たまに自分が怠
け者のような気がしてきちゃうけど、これはきっとお腹の赤ちゃんが休養を欲
している証拠♡寝ることで赤ちゃんが元気に成長してくれるなら、いくらでも！
いくらでも寝てやろうではありませんか！！！！＃急なデモ感
「お腹で赤ちゃんを育てる」これって本当すごいことなんだから！！！明日も赤
ちゃんと質の良い眠りにつくために今宵もしかっり良い眠り
につくのであります。
良い眠りが良い眠りを呼ぶ！（※当社調べ）
さあ！みんな！Go to bed♡

作品名　Myrhinna
　　　　1915年／油彩・カンヴァス
作　者　ジョン・ウィリアム・ゴッドワード（John William Godward）
　　　　1861～1922年

優雅で美しい女性の肖像画。作者のゴッドワードは、古代のギ
リシアやローマをモチーフにした美人画などを描いて人気を博
しました。しかし、20世紀初頭になると、古典的なテーマを
描くゴッドワードの人気はモダンアートの勢いに押されて低迷
していきます。健康状態も悪化したゴッドワードは、「世界は
私とピカソがいるには狭すぎる」という遺書を残して自殺しま
した。

妊娠後期

一度横になったら終わり

妊娠後期
一度横になったら終わり

一度座るとマジで立てない。気合を入れて「どっこいしょ！」とドスの効いた声を出さなければ、何も始まらない。とにかく身体が重い。重いの一言じゃあ収まらないくらいである。腰もバキバキ。妊娠後期の立ち上がる時って想像以上にマジで一大イベント（笑）
そしてふと鏡にうつる自分の姿がなんかもう完全に横綱入りを果たしちゃった力士に見えて泣けてくる（涙）#相撲部屋入門しました
んでもって家の中の状況はどうかというと、もうカオスそのもの♡（笑）
家のことやらなきゃ…とは思っている。うん、頭では分かってる。だけど身体の方が「今日はちょっと無理っすね」って返事してくる（笑）

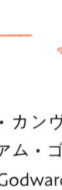

作品名　白昼夢
　　　　1920年／油彩・カンヴァス
作　者　ジョン・ウィリアム・ゴッドワード
　　　　（John William Godward）
　　　　1861〜1922年

ゴッドワードによって1920年にローマで描かれた、夏の日差しを避けて一息つく美しい少女の絵画です。大理石の前の低いソファに横たわる彼女の指からは、羽根の扇が滑り落ちています。美少女の温かな肌と冷たい大理石の壁が見事に対比し、物憂げな少女のリラックスした曲線が官能的です。

何このニオイ。

香水付けている人みんな敵

何このニオイ。
香水付けている人みんな敵

ありとあらゆるニオイ全てをシャットアウトしたくなるつわり期、あるよね〜。取り外し可能な鼻の開発キボンヌ（笑）今まで大好きだった柔軟剤の匂いにさえ敏感になってしまったり、キッチンにいればお米の炊ける匂いがすごいしんどく感じてしまったり、道行く人のシャンプーの匂いももはや凶器なのでは？と思うほど（涙）世の中がこんなにも香りだらけなことに疑問を抱き始めるこの時期。大好きな匂いが急に大嫌いになってしまうこの現象、つわり期あるあるなんだよね。自分の身体が自分の身体じゃないみたい。

もういっそこの時期は自分の身体が何者かに乗っ取られたって思う方がラク!!じゃないと乗り切れねェ〜〜〜〜〜!!!!（涙）

#我が身乗っ取り被害

作品名 洞窟の中のマグダラのマリア
　　　 1868年／油彩・カンヴァス
作　者 ユーグ・メルル（Hugues Merle）
　　　 1822〜1881年

洞窟の中のマグダラのマリアを描いた絵画。フランスの画家ユーグ・メルルの手によるものです。マグダラのマリアは、イエス・キリストの昇天後、フランス南部のサント＝ボームの洞窟で一人で過ごし、生涯を終えたとされています。

「言ってくれたら

俺手伝うからさ」

「言ってくれたら 俺手伝うからさ」

「手伝う」って言葉ももちろん有難いけど、「俺やるよ」って言ってくれる方が圧倒的に好きです。「手伝う」って言葉がちょっと第三者的な立場の言葉のような気がして…親戚のおじさんなら「手伝うよ」ってワードで全然いいんだけど…？（笑）もっとグイグイ来てほしいですっ♡（笑）「俺やるよ」ってなんかもう頼もしさが大優勝！はい表彰台！こっちが頼んでもないのにやる気満々な気持ちが伝わって…プラス責任感まで背負ってくれている感じがする。そういう「俺についてこいスタンス」が一緒に戦ってくれる仲間って気がしてすっごい嬉しいし、シンプルにときめく♡んふ

作品名　イエスかノーか？
　　　　1890年／油彩・カンヴァス
作　者　エドモンド・ブレア・レイトン（Edmund Blair Leighton）
　　　　1852 ～ 1922年

求愛される女性と返事を迫る男性を描いた絵。タイトルが示すように、女性の答えは「イエス」か「ノー」のどちらかになるでしょう。作者のエドモンド・ブレア・レイトンが生きたヴィクトリア朝（ヴィクトリア女王のイギリス統治時代。1837 ～ 1901年）の男女間の、ロマンティックな一瞬が切り取られています。

第2章

赤ちゃんあるある

The Common Senarios of Baby

「今オムツ替えたのに…」

うんちからのうんち

「今オムツ替えたのに…」
うんちからのうんち

オムツ替えていざ出発！と思いきやオムツから香ばしい匂い…。恐る恐るオムツを覗くとそこには堂々と鎮座する超ベリービッグうんぴ☆yeah☆（白目）「も〜！今オムツ替えたばっかりなんですけど〜〜〜〜！?!?!?」と叫ぶも時すでに遅し。

もはや狙ったのか!?!?と思う程になんとも言葉にし難い絶妙なタイミングでオムツに投下されることが多々…心なしか赤ちゃんが「ドヤ顔」をしている気さえする（笑）母のこの焦りもなんだかんだ最後には笑顔に変えてくれるんだよな！可愛いやつめぇ〜〜〜〜♡さあ、再度オムツを替えて、今度こそ出発！（…と願いたい）

作品名　聖母子
　　　　制作年不明／テンペラ・板
作　者　フィリッピーノ・リッピの追随者
　　　　（※フィリッピーノ・リッピ　Filippo Lippi）
　　　　1457年頃〜1504年

フィリッピーノ・リッピは、初期ルネサンスにおいて線による描写を重んじるフィレンツェ派の画家です。この絵画は、フィリッピーノ・リッピの画風や技法を模倣して制作されたものと考えられています。

産後のパワースポット

「はぁ…いい匂い」

「はぁ…いい匂い」
産後のパワースポット

なんで新生児ってこんなに良い匂いがするんだ！！！天使の吐息か!?あくびの後に「ハヒュー」って口から出す吐息全部吸い上げたい。#ママバキューム発動

どう例えたらいいんだろう…まだこの世の汚れを全く知らない自然からの贈り物みたいな香り…嗅ぐだけで心が洗われるあの香り。夫に引かれたって気にしない。とにかく嗅ぎたい。おっぱいあげてオムツ替えてるだけでなんかあっという間に一日が過ぎていくこの時期だけど、そんな忙しさの中でもこの最高な匂いが嗅げるのは母の特権なのだ♡ハァ〜首回りも最高〜〜〜〜（変態）#母の充電完了

作品名　聖家族
　　　　1530 〜 1550年／テンペラ・パネル
作　者　作者不明

幼子キリスト、母親の聖母マリア、養父の聖ヨセフの三者が描かれたパネル絵。作者はよく分かっていませんが、ルネサンス期にベルギーの都市アントウェルペン（英語名アントワープ）で活動した画家の手によるものと考えられています。

寝かしつけ中に帰宅した夫と

覚醒モードに突入した子ども

寝かしつけ中に帰宅した夫と覚醒モードに突入した子ども

「よし！あとは寝るだけ！」とようやく家事を終わらせ布団に入る準備万端。「よし…いいぞ…良い感じの眠気きてるぞ♡」と寝かしつけもほぼ成功♪…と思いきやインターホンがピンポーン…「え…まさか今…?」と心の中でそうつぶやきながらも恐る恐る子どもの顔を見ると、暗闇の中でも分かるくらいにおめめギンギン☆（白目）#不本意のおはよう

夢の世界へ足を踏み入れていたけど見事にカムバック（笑）そして「ただいま〜♪」と帰ってくる夫にここで可愛く「おかえり♡」と言えたらいいのかもしれないけど般若のような顔で「シーッ！」とジェスチャーする私w子どもはスッキリとお目覚め。ねぇ。この気持ち、どこに向けたらいい？（笑）

作品名　ヴィーナスとマルスとクビド
　　　　17世紀頃／油彩・カンヴァス
作　者　フランチェスコ・マンチーニ（Francesco Mancini）
　　　　1679〜1758年

ローマ神話では愛と美の女神ヴィーナスと戦の神マルス（ギリシア神話におけるアプロディーテとアレス）は愛人関係にあったとされています。この絵画は、そんなヴィーナスとマルスが恋の神クピド（キューピッド）によって結ばれるシーンを描いたものです。作者のマンチーニはイタリアで活躍した画家です。古典主義とバロックの影響を受け、柔らかい筆致と温かく輝く色彩を備えた独自の画風を成熟させました。

マジプレシャス　一人の時間

一人の時間
マジプレシャス

子ども産んで、こんなにも一人の時間って幸せで大切なんだな〜って気づいた。もちろん子どもが居るからこそ分かるこの幸せ。子育ての何が大変かってさ。きっと「中断されること」なんだよね！何をするにも「ママ、ママ」って呼ばれて手を止めないといけなかったりする。1つのことに「集中」したり「没頭」出来る幸せは子育てを経験して初めて知った。子どものことはもちろん大好き!!!でもママの一人時間も超大事。この時間があるからこそまた頑張ろうって思えるのである。さ、甘いもの食べながらドラマのウィケメンに癒やされよぉ〜っと♡♡（笑）#ウィケメン大好物

作品名　ペネロペ
　　　　──昼に大きな織物　を織り、夜にはそれをほどいた
　　　　制作年不明／油彩・カンヴァス
作　者　トーマス・セドン（Thomas Seddon）
　　　　1821 〜 1856年

ペネロペはギリシア神話に登場する英雄オデッセウスの妻です。彼女はトロイヤ戦争に出征し、戦争後に行方不明になった夫の帰還を20年間待ち続け、ついには再会しました。この間に、ペネロペの美しさに惹かれた108人の男たちが彼女に再婚を迫りましたが、亡き舅の棺衣を織り上げてからと言い訳をし、昼に織った布を夜になって再び解くことで時間をかせぎました。

入浴中聞こえる幻聴

起きてる…？

起きてる…？
入浴中聞こえる幻聴

「一人時間ゲットだぜ♬」とテンション MAX でお風呂に入るも束の間…何故か聞こえる…我が子の「えぇ〜ん」の声。シャワーを何回も止めて確認するも、やっぱりちゃんと寝てはいる…「これは幻聴だ」と自分に言い聞かせ湯舟に入るも赤ちゃんが気になってリラックスどころかもはや考えすぎて疲れてきた（笑）最終的に「もう無理だ！」とせっかくのお風呂タイムをあきらめ、カラスもびっくりレベルの「母の行水」を終わらせて湯舟から上がる。ドライヤーしてても幻聴のせいで髪は生乾き。湯冷めする暇さえなく母のお風呂タイム終了のお知らせ。ルンルンで入浴剤入れたのにな（涙）

作品名　レディ・ゴディバ
　　　　1870 年頃
作　者　ジョゼフ・ヴァン・レリウス（Joseph Van Lerius）
　　　　1823 〜 1876 年

大理石の階段を降りて外に出ようとする裸の女性を描いた絵画。村に通じる階段の手すりには、白い馬が結ばれています。この女性は、11 世紀イングランドのマーシア伯レオフリックの妻、ゴディバ夫人です。彼女には、領民に重税を課そうとする夫をいさめるため、裸で馬に乗って街を横断したという伝説が残っています。1926 年にベルギーで創業した世界的なチョコレートブランドである「ゴディバ」の名前も、このゴディバ夫人に由来します。

「ママに、ほら。

うんち出たよ〜って」

「ママに、ほら。 うんち出たよ〜って」

「うんち＝ママがオムツ替える」っていう謎の方程式、学校で習ったことないな〜？（笑）さらっと子どものうんちが出たことを夫が報告してくれるんだけど、その瞬間、なぜか視線が自然とテレビにいってる…おおん？こっちにも大事な日常のドラマがあるぞ♡つって（笑）なんならおむつ替えのシーンもある種、立派なアクションシーンだよ♡つって（笑）

さぁ！そんな記念すべき日常のワンシーンでこそ！子どもと一緒に主人公になってみてはどうか！?!?（笑）

ってオイ！なんでまたテレビの方見てるの!?（笑）

作品名　イエスの神殿奉献
　　　　18世紀頃／油彩・カンヴァス
作　者　作者不明

『新約聖書』の中の一書「ルカによる福音書」に記されている、イエスの神殿奉献の場面を描いた絵画です。モーセの律法により、幼子イエス・キリストが生誕後40日目に聖母マリアと養父ヨセフに連れられて、エルサレムの神殿に奉献されています。イエスを腕に抱いているひげを生やした老人は、抱神者シオメンです。

「今日…私一日

何してたっけ……」

「今日…私一日
何してたっけ……」

ミルクあげてオムツ替えてただけなのに外を見たらなんかもう知らん間に夕方の空になってんだが??ｗ 早すぎん？なんか時空歪んでない？（笑）ずっと家に居たはずなのに何故か部屋の中が散らかってる。サボッてたわけではないのに「何もしてなかった感」に襲われる夕方17時。#目の前に広がる樹海

ご飯を作れば美味しい料理がテーブルに並ぶし、掃除をすればお部屋はキレイになるけれど、赤ちゃんのオムツを替えたりミルクをあげたりするお世話は目に見える形では達成感が得られにくいんだよね。

きっと明日の夕方17時も「今日私一日何してたっけ…」って同じこと言ってる未来が見える（笑）

作品名　聖母子
　　　　1490年頃／油彩・カンヴァス
作　者　アンドレア・マンテーニャ（Andrea Mantegna）
　　　　1431 ～ 1506年

ぐっすりと眠る幼子イエス・キリストを優しく両腕に抱き、指で顔を押さえる聖母マリアの姿を描いた聖母子像です。三角形の構図で二者をコンパクトに閉じ、聖母マリアのマントによって子どもを守る母親の愛情を強調しています。作者のアンドレア・マンテーニャは、ルネサンス期の画家であり版画家です。

「何メモしたかったんだっけ？」

日々磨きがかかる産後ボケ

「何メモしたかったんだっけ？」
日々磨きがかかる産後ボケ

あの時、確かに！確かに！！何かめちゃくちゃ大事なことをメモしようと思ったはず…でも、今やその「大事なこと」が脳内からすっぽりと抜け落ちている（笑）メモしたかったことも忘れるし、そもそもメモしてもメモを忘れるし、自分でも自分の記憶力が怖くなること多々（苦笑）オムツを買いに出掛けたはずなのに肝心のオムツを買い忘れて余計な物を買って帰ることも。赤ちゃん連れて必死に出掛けたのにね（涙）

そして今日も、またメモを取ろうとしてスマホを手に取る。「さて、何をメモしようとしてたっけ？」と考え込んでいる私がここにいます☆（無理）

作品名　聖マルコ福音記者
　　　　1610 ～ 1615 年／油彩・カンヴァス
作　者　ヨアヒム・ウテワール（Joachim Anthonisz Wtewael）
　　　　1566 ～ 1638 年

新約聖書の『マルコによる福音書』の著者とされる福音記者マルコの半身像です。オランダの画家であり銅版画家である、ヨアヒム・ウテワールによって制作されました。本を執筆するマルコの向かって右側にはライオンが、左側には知識の象徴である本棚が描かれています。ライオンは、福音記者マルコのシンボルとされています。

背中スイッチの解除が

一生無理

背中スイッチの解除が 一生無理

赤ちゃんを置こうとした時バレるのなんでだろうね?ママの腕の中だったらそこそこ変な寝方をしてても起きないのに、置こうとすると「今あなた私を置こうとしましたね…?」と言わんばかりの顔でうっすら目を開けてこっちを確認してくる(笑)色々試してみたけどどの方法も見破られてる気がするの(笑)「私の腕の中が大好きなのね♡」と嬉しい気持ちになる半面、母に残された選択肢はこの体勢でボーッとするか、一緒に寝るか、スマホいじるしかないのである!!!はぁ…家事は溜まる一方…。洗濯物…自分で畳まれろよ(笑)

作品名　眠っている子どもを抱く
　　　　冬の貧しい母親
　　　　1850年頃／油彩・カンヴァス
作　者　オクターヴ・タサエール(Octave Tassaert)
　　　　1800 〜 1874年

屋外で薪にもたれかかって休む貧しい母親と赤ん坊の絵画です。作者のオクターヴ・タサエールは、19世紀半ばのフランスを代表する画家であり版画家です。彼はしばしば、貧困にあえぐ労働者、困窮した母親、自殺者、捨てられた子どもたちをモチーフにし、社会の不平等に焦点を当てた作品を制作しました。

「やっと寝たところなのに…」

しゃっくりのタイミングが鬼畜

「やっと寝たところなのに…」しゃっくりのタイミングが鬼畜

赤ちゃんを寝かしつけるのに時間がかかった時に限ってそう。やつは突然にやってくるのだ。小さくてなんとも無害そうな音ではあるがそれが寝ている時となると話は全く変わってくる（笑）寝かしつけリセット確定♡また振り出し♡（白目）今母はソファーにダイブしようと思ってたんだけどなぁ…。赤ちゃんを再度あやしながら「ってか何で寝る前何も起きなかったのにこのタイミングなんだよ！起きてるタイミングでこいよ！（怒）」と、しゃっくりにキレている私がいる（笑）私の愛しのNetflixタイムが～（涙目）それでも赤ちゃんの小さな寝顔を見ると「はぁ…可愛いから仕方がないか」ってなる不思議。でも毎日の母のお楽しみタイムが削られるのはキツイ。マジこのしゃっくりめ！（笑）

作品名　聖家族
　　　　制作年不明／油彩・板
作　者　作者不明

幼子イエス・キリスト、聖母マリア、養父ヨセフという聖家族を描いた絵画です。キリストは聖母マリアの処女受胎で生誕しているため、聖ヨセフは養父です。したがって、ヨーロッパのキリスト教芸術では、古くから聖母子二者を主題とする作品が多数つくられていました。

作った離乳食ノールック

「ご飯食べようね」「おっぱい」

「ご飯食べようね」「おっぱい」
作った離乳食ノールック

おっぱいやミルクの時期を終えれば来たる離乳食！食材を小さく切って時間をかけて試行錯誤しながらもなんとか完成。しかーし！！いざ食べさせてみるも「おっぱい…おっぱい…」え…あんなに時間かけて作ったのに見向きもせんやないか。いつか食べてくれるかもとわずかな希望を残して口に運んでみるも興味なし。え、私が作ったものって離乳食じゃなかったっけ？あ、アート作品だったっけ？そうか！それなら簡単に触ったらいけないしな？…ってオイ！！食べろよ（笑）

「お口あ〜んしてごら〜ん？おいしいよぉ〜？」と食べるのを促す私の声の甲高さったら。客観的に見たら毒リンゴを食べさせる魔女のよう（笑）

作品名　聖母子
1475年頃／木版上の油彩およびテンペラを別の木版に転写

作　者　アントネロ・ダ・メッシーナ（Antonello da Messina）
1430年頃〜1479年

幼子イエスを抱く聖母マリアを描いた絵画です。聖母マリアの呼称である「マドンナ（Madonna）」。これはもともとイタリア語で「私の貴婦人（ma donna）」という意味を持ち、女性に対して敬意を表す言葉です。アントネロ・ダ・メッシーナはルネサンス期のイタリアで活躍した著名な画家です。ネーデルランドの油彩技法をイタリアにもたらしたとされており、彼の革新的な技術は後のイタリア美術の典型となりました。

「夜中はオレに任せて」

意思表明、数時間後

「夜中はオレに任せて」
意思表明、数時間後

「いつもお疲れ様。たまには俺が代わるから、今夜はゆっくり寝な?」な…なんと…!私の夜間授乳&おむつ替えからの解放デーがやってきた!夢にまで見た連続睡眠が!なんと今日叶う…!とルンルン♪でベッドに入ったものの…数時間後、そんな夢は打ち砕かれることに(笑)深夜一時ごろいつものように「ママー!」とでも言わんばかりの大絶叫♡ふと隣を見ると…夫、熟睡中。ちょっと声をかけてみても、応答なし。あれ、私って岩と結婚した?(笑)そして母は夜の通常業務へ。「夫も夫で仕事疲れてるもんな…」と少しだけ自分を納得させつつ朝を迎え、夫が一言。「いや〜良く寝た!昨日全然起きなかったよね〜!!!」って…WHAT ???(笑)

作品名　エジプト逃避途上の休息
　　　　1622 〜 1628 年／油彩・カンヴァス
作　者　オラツィオ・ジェンティレスキ(Orazio Lomi Gentileschi)
　　　　1563 〜 1639 年

『新約聖書』の「マタイによる福音書」には、養父ヨセフが夢の中で天使から「ヘロデ王がイエスを殺そうとしている」と知らされ、幼いイエスとマリア、そしてロバを連れてエジプトへ逃げたことが記されています。この絵画は、新約聖書の外典にもとづいてエジプトへの逃避行途上の聖家族が道端で休んでいる場面を描いたものです。このモチーフは 15 世紀から 16 世紀後半にかけてネーデルランドやドイツの画家に好まれました。

イヤイヤ期あるある

Common Scenarios of Terrible Twos

「このふくいやだ…」

「自分で選んだじゃん」

「このふくいやだ…」
「自分で選んだじゃん」

母の顔面塗装オッケー！出る準備も完璧！！「よ〜し出掛けるよ〜♪」と玄関のドアノブに手をかけたその瞬間、背後から聞こえるあの一言。「このふくいやだ…」はい。なんでこのタイミング？（笑）家出る前ってなんでこんな事件勃発するん？？え、神様っている？（笑）散々こだわりにこだわりぬいて決めたお洋服ですやん。いやいや一旦、深呼吸。そうよ私…心を落ち着けよう…って！無理!!!落ち着けるわけがない。頭の中で秒単位で計算してきたスケジュールがあれよあれよと崩れ去る時の辛さったら。まだ着替え終わってすぐの出来事なら100 歩譲って許せるよ？お出掛け 10 秒前の「着替えたい」は、もう母の本日の営業終了です（白目）

作品名　聖母子
　　　　1470 年頃／テンペラ・板
作　者　サンドロ・ボッティチェッリ（Sandro Botticelli）
　　　　1444 年または 1445 〜 1510 年

ルネサンス期のイタリアを代表する画家サンドロ・ボッティチェッリが、1470 年頃に手がけた緑色が基調となった聖母子像です。ボッティチェッリの作品は初期ルネサンスに制作された芸術作品の中でも最高だと評され、1477 年から 1478 年頃に制作された《プリマヴェーラ》と 1485 年頃に制作された《ヴィーナスの誕生》は特に有名です。

「図鑑はやめて。おはなしのやつにして」

「図鑑はやめて。おはなしのやつにして」

寝る前に図鑑を持ってこられた時の母の絶望具合といったら、もう言葉にできない（笑）母のHPはすでにほぼゼロ。昼間疲れているのに戦いごっこの悪役を任命され、やっつけられてみたら「しぬのはやい！おきて！」と言われるわ、食べ物屋さんのおままごとでは何故かそのやり方は違うとコミュニケーションの指導を受け、「トイレ行くね」って伝えたのにトイレのドアはバンバンと叩かれ芸能人のように出待ちされるわ、ちょっとでもゆっくり出来るかと思ったお風呂ではシャンプー流している途中に急にシャワーから水が出るわ（水温調節誰がイジッたんや）無限の体力を持つ我が子と遊び続けた結果、寝る前に残されたエネルギーはごくごくごくわずか。そんな状態で図鑑なんて読んだら、文字を追っている途中で母は確実にガイコツになってまうわ（笑）というわけで（?）マジで絵本でお願いします（土下座）

作品名　風景の中の聖母子
　　　　1492年頃～1498年頃／油彩・板
作　者　「刺繍の葉の巨匠」とされる画家
　　　　1480～1500年（活動期間）

教会で礼拝の際に使われた聖母子の祭壇画です。庭は聖書の語る庭園を、青いアイリスは聖母マリアの悲しみ、スミレは彼女の謙虚さ、イチゴは彼女の正義を表しているとされています。また、門にいるクジャクは楽園を、シカは人間の魂と敬虔さを表しているかもしれません。作者は不明ですが、繊細な模様で描かれた特徴的な葉から「刺繍の葉の巨匠」と呼ばれています。

会話イントロの長さ

「あのね。あのね。ママ。あのね」

「あのね。あのね。ママ。あのね」 会話イントロの長さ

「ママ、あのね！」と可愛い2歳児がキラッキラした瞳でママを見つめて「なんのお話かな〜♡」と思って耳を傾けるも、本題までの「あのね」の出現率ったら♡（笑）話したい想いがきっと先に出ちゃうんだよね。可愛い♡「あれれ？話したい内容忘れちゃったかな…？」と思ったその瞬間！ついに「本題」が…!!!!「あのね。あのね…あのね…ボールがね…ころがった…」…「そっ…そうなんだ♡ボールが転がったんだね♡」と返すも、心の中では「うぉお〜!!それだけか〜〜〜い!!」盛大なツッコミを入れそうになることも正直ある♡（笑）

作品名　聖母子
　　　　1645年頃／油彩・カンヴァス
作　者　マッシモ・スタンツィオーネ（Massimo Stanzione）
　　　　1585 〜 1656年

幼いイエス・キリストを膝に乗せた聖母マリアを描いた「聖母子」の絵画です。作者のマッシモ・スタンツィオーネはバロック期のイタリアを代表する画家で、宗教画を数多く手がけました。彼はローマの教会に描いた壁画で高い評価を受け、教皇グレゴリウス15世から勲章を授与され、さらにウルバヌス8世からは騎士の称号を授かりました。

意地でも寝ない子と

寝室来て秒で寝た人

意地でも寝ない子と寝室来て秒で寝た人

「歯磨きも嫌！」「トイレも嫌！」「寝るのも嫌！」と、ありとあらゆる抵抗を見せる我が子を寝室に連れて行くまでの一連ってマジ戦場なんだが（笑）
「誰が一番に寝室にいけるかな〜？よーいドンッ！」なんて言ったりしていかにすんなり寝室に連れて行くかにかかっているけど後ろ見たら「誰もついてきてな〜い♡（棒読み）」なんてこともあるある（笑）時には「遅くまで起きてたらおばけさんがくるよー」なんて言っちゃったり…（小声）
こんな母でごめんなさい！！その戦場をなんとか駆け抜けて必死の想いで寝室まで来たけど…あれ？なんか秒で夢の中にいっちゃっている大人が一名☆（笑）まだ寝かしつけのミッション残ってますけどー！！おーい！！（笑）

作品名　セレーネとエンデュミオン
　　　　1770年頃／油彩・カンヴァス
作　者　ウバルド・ガンドルフィ（Ubaldo Gandolfi）
　　　　1728 〜 1781年

ギリシア神話の一幕、眠れる美青年エンデュミオンを見つめる月の女神セレーネを描いた絵画です。羊飼いの青年エンデュミオンに恋をした女神セレーネは、美しいエンデュミオンがずっと若いままでいるよう、ゼウスに頼んで彼を永遠の眠りにつかせました。以降、セレーネは毎夜のように地上に降り立ち、若さを保ったまま眠り続ける彼に寄り添ったといいます。

出発前に選ぶ謎の相棒

「ナイナイしようね」「もっていく」

「ナイナイしようね」「もっていく」 出発前に選ぶ謎の相棒

お出掛け前のお片付け。今まで遊んでいたものを「ナイナイしようね」と言った瞬間、グワシッとおもちゃ強く握りしめて「もっていく!」と譲らないその光景はもう何度あったことか（笑）

でも母は知っている。家から「もっていく!」と言って絶対きかなかったこだわりの玩具やぬいぐるみも、結局は出先で「これ、やっぱりママがもってて」って言われる確率が99%なのである。#終点母のカバン行き

やっぱり私の荷物になったやないかい…。あの固い意思はいずこ？（笑）

このオチは大体予想が出来るけど出かける前にひと悶着あると母はHPえぐられるから結局毎回持って出るはめに…トホホ…。

作品名　聖母子
　　　　1750 〜 1850 年／油彩・カンヴァス
作　者　作者不明

作者不明の聖母子像です。1750年から1850年の間に、イタリアで描かれたと考えられています。憂いの表情をした聖母マリアに抱かれた幼子キリストは、回るようなポーズをとり、青い球を手にしています。聖母子像の多くで、聖母マリアは赤色の衣を着て、青色のマントをまとった姿で描かれています。赤は天の愛情を、青は天の真実を象徴しているとされています。

ご飯提供後の意思変更

「ごはんいらないパンにする」

「ごはんいらないパンにする」
ご飯提供後の意思変更

「ごはんたべる」とご要望があったのでせっせせっせと準備して「は〜い♡どうぞ♡」と笑顔で差し出したその瞬間「ごはんいらない、パンがいい！」と言われたときの辛さったらもうｗ

それでなくとも時間が限られている朝。あれほど「ごはんがたべたい」と言っていたではないか。朝から「パンじゃなくてごはん」と主張していたのは一体誰なんだ…!?その声を受け、母はご飯を炊き、具材を刻み、料理を仕上げたというのに、一瞬で「いらない」だと…!?（涙）２歳児の意思変更は光の速さで行われるんか？（笑）せめてもの抵抗で「一生懸命作ったんだけどな…」と切なさを滲ませて言ってみるも２秒で「パン！」のご返答（笑）ねぇ…なんてブラック企業で私は働いているの？ｗ…ところで起きて？ｗ

作品名　**聖家族**
　　　　1641年／油彩・カンヴァス
作　者　**ニコラ・プッサン（Nicolas Poussin）**
　　　　1594 〜 1665年

まるで一般の家庭のような「聖家族」の絵画です。マリアは椅子に座って幼子イエス・キリストを膝に抱き、その奥には夫ヨセフが穏やかな表情で座っています。母と子、そして父の間に流れる感情的な絆は、多くの家庭で見られるものです。作者のニコラ・プッサンは、ローマで活躍した画家です。

「ママ…鬼さん

呼んじゃおうかな」

「ママ…鬼さん 呼んじゃおうかな」

簡単に「鬼さん」に頼ったらダメってこと頭では分かっているんだけど、子どもがグズッてどうしようもない時とか、自分の心に余裕がない時につい呼んでしまう母の心のマブダチ「鬼さん」。

「よし！今日こそは鬼さんには頼らないぞ！」と朝の私は決意していた！！育児という戦場において、「鬼さん」はもはや最後の切り札なのである。できれば簡単に使いたくはない…！！だがしかーし！現実は甘くない（笑）

母の決意をあざ笑うかのように、子どもは早朝から暴走モードに突入☆日が暮れる頃には、その決意は簡単に崩れ去り、気づけば「ほら、鬼さんが来るかもよ？」とつぶやいている自分に私も驚く（笑）

作品名　若いイタリアの女性　　1910年またはそれ以前／油彩・カンヴァス

作　者　エティエンヌ・アドルフ・ピオ（Étienne Adolphe Piot）1831～1910年

赤い髪と表情豊かな黒い目を持つ、若くて美しいイタリア人女性の肖像画です。作者のエティエンヌ・アドルフ・ピオはフランスの画家で、「イタリアをモチーフとするパリの画家」として、ある程度の名声を得ていたとされています。彼は商業的に成功しており、裕福なパリジャンからの需要を受けて、魅力的な肖像画を多数制作し、サロンに出品していました。

エンドレス最後

「最後って言ったじゃん」「もういっかい」

「最後って言ったじゃ～ん」もういっかい」
エンドレス最後

「最後」って言ってからのカウント、もう何回目？（笑）このやり取りをしていると実際は数分しか経っていないのに、母にとってはもう数時間（いやもはや数日？ｗ）が経過した気分。「これが本当に最後だよ！」って母は目を見てしっかりと言い聞かせる。子どもはその時は「うん！」と元気よく頷くも、その表情には「本当にこれが最後になるとでも思っているのか？」という薄ら笑いが見える気さえする（笑）

もはやこれ、「最後ね」の約束からが本番だよね？

#終わりなき旅

先品名　シエナの聖カタリナ
　　　　作年不明／油彩・カンヴァス
作　者　フランチェスコ・ヴァンニ（Francesco Vanni）
　　　　1563 〜 1610年

イタリア・シエナの聖女カタリナを描いた絵画です。女性が勉学や社会活動にほとんど参加することがなかった封建時代にあって、カタリナは多数の著述によって当時の教皇たちの決断などに大きな影響を与えたとされています。1380年、カタリナは極端な断食の果てに33歳で死去。1461年にはローマ教皇ピウス2世によって列聖されました。

「パパのところにおいで」「ママがいい」

失われた登板機会

「パパのところにおいで」「ママがいい」
失われた登板機会

子どもが「ママがいい〜」って言うのは、産まれた時から常にママがそばにいる存在だから。特に幼少期は、ほとんどママと過ごす時間が多いので、最初に「ママがいい〜」って出ちゃうのは当たり前なんだよね。もはや本能！だから、世の中のパパたち、この言葉で落ち込まないでっ！
ほら、居酒屋に行って「今日はそんなに飲めないかもな〜」と思っても、なんだかんだで最初の一杯は「とりあえずビール」って頼むでしょう？それも本能！（笑）子どもも同じで、「とりあえずママ」って言っちゃうんです（笑）もうほぼ口癖、挨拶みたいなものなのです♡だからそこで「俺じゃダメか…」って諦めないで！むしろ、「ママに負けてたまるか〜」って、子どもに立ち向かってほしい！そんなパパの姿を見るのが、実はママの密かな楽しみだったりします♡（笑）

作品名　聖家族
　　　　1640 〜 1650 年頃／油彩・カンヴァス
作　者　ジョヴァンニ・バッティスタ・サルヴィ
　　　　（Giovanni Battista Salvi）
　　　　1609 〜 1685 年

聖家族の絵画。聖母マリアは、白いベールに乗せた幼子イエス・キリストを抱いています。作者のジョヴァンニ・バッティスタ・サルヴィは、多くの宗教画を描いたバロック期のイタリアの画家です。通称、イル・サッソフェラートまたはサッソフェラートとも呼ばれます。

圧倒的ノーパニズム

「お願いだからパンツはいて」

「お願いだからパンツはいて」
圧倒的ノーパニズム

すっぽんぽんで逃げるお猿たち、おっと間違えた子どもたち（笑）はよ、洋服着んか〜〜〜〜い！！！！！たまに自分の家は動物園なのではないかという気さえしてくる（笑）子どものエネルギーはマジで底なし！昼間公園に行って疲れているはずなのによくそんな走れるな。もはや尊敬（笑）「早くパンツはきなさ〜い！！！」って毎晩叫んでるけど、この私の叫び声さえも子どもには風のささやきくらいにしか捉えられていないんでしょう（笑）君たちのお肌はお風呂上がりもプルンプルンだとは思うが、母の顔面はそろそろサハラ砂漠かってくらいに水分失っておりますので早くしてもろて？（怒）

作品名　女性と飛び去るアモールのいる室内
　　　　18世紀／油彩・カンヴァス
作　者　フランスの画家
　　　　16〜20世紀頃

アモールとは愛の神です。ギリシア神話ではエロス、ローマ神話ではクピドなどと呼ばれます。日本では、英語名のキューピッドという呼称でよく知られています。多くの芸術作品において、アモール（クピド）は人を恋に落とす矢と弓を持った幼児の姿をしており、愛や恋を象徴する存在として描かれます。

「あっちから行こうか」

おもちゃ売り場を避ける母

「あっちから行こうか」おもちゃ売り場を避ける母

そう…母は知っている…。あの色とりどりのドリームワールドを我が子が見つけてしまえば…絶対にそこから出られなくなるということを…。もはや閉店まで出られないと言っても過言ではない。ひとたびそこに足を踏み入れれば今まで組んできたタイムスケジュールが全て水の泡になる可能性がある。だからそんな母は急に早口で子どもに話しかけて意識をそっちへ向けないことに全力投球☆（笑）ガチャガチャもそのドリームワールドの親戚である。心の中で「気づくな気づくな気づくな…」、もはや目は笑っていないかもしれない（笑）無事何ごともなく通過出来た時はもれなく心の中でガッツポ〜〜〜ズ☆#グッジョブ私

作品名　守護天使
　　　　1625 〜 1630 年／油彩・カンヴァス
作　者　ジョアッキーノ・アッセレート（Gioacchino Assereto）
　　　　1600 〜 1649 年

少年を腕で守る守護天使の絵画です。左側には闇が描かれ、守護天使が指し示す右上は光に包まれています。守護天使は少年を闇から引き離し、光の中へと導いています。作者のジョアッキーノ・アッセレートは、17世紀前半にイタリアのジェノヴァで活躍した著名な画家で、歴史と宗教をテーマにした多数の油彩画やフレスコ画を手がけました。

快晴なのに長靴をはくと

言い張る我が子を見る母

快晴なのに長靴をはくと言い張る我が子を見る母

外は快晴。雲一つない青空。そんな気持ちの良い程に晴れている日に限って「ながぐちゅ、はく！！！！」と長靴を譲らない我が子（笑）本日のご予定はパリコレへの出場でしょうか？（笑）コケやすいし、歩きにくそうだから一応他の靴を出して「こっちも似合うよ〜？」と声高らかに提案してみるも、嫌だの一点張り。ですよね〜（笑）この長靴を履くことにこれほどの情熱を持っている以上、私からどんな言葉を尽くしてもきっとそれは無駄（白目）その割には雨の日には「ながぐちゅ、はかない！」と全力で抵抗するんだよなぁ〜（笑）

作品名　甘い夢
1904年／油彩・カンヴァス
作　者　ジョン・ウィリアム・ゴッドワード（John William Godward）
1861 〜 1922年

日の当たる大理石のテラスに座り、こちらを見つめる美しい黒髪の少女の絵画です。彼女が身につけている紫のストーラやウエストにまいている濃紫色のバラは、古代ローマの女性が着用していた伝統的な衣装です。モデルの女性はサンダルを履き、背景の木々の奥には青い空と地中海が広がっています。これらも、ゴッドワードの作品に頻繁に登場する要素です。

だっこと泣いていたのに

急に自分で歩く気

だっこと泣いていたのに 急に自分で歩く気

散々「あるくのイヤ〜〜〜！」って駄々をこねていたかと思えば、急に何かのスイッチでも入ったのか、さっきまでの態度と180度転換！「じぶんで（あるく）！」って張り切り出すあの瞬間、母は実に不思議であ〜る（笑）さっきまでお姫様ばりに「だっこぉ〜」と言っていたではないか…!?って思いながらも…いや、そりゃ自分で歩いてくれた方が助かるんだけどね（笑）

んでもって、その後の展開にも驚きなのは、今の今まで「歩かない」の一点張りだった子が今度は残像すら見える速さで消えていく（笑）ほんで5分後にはまた「だっこぉ〜」の連発！そこでまただっこすると「はぁ〜♡やっぱりだっこって最高♡」と言わんばかりの涼し気な表情。ねぇ…VIPなん？（笑）

作品名　聖母子像（または幼子を差し出す聖母）
　　　　1570 〜 1575年頃／油彩・カンヴァス
作　者　カルロ・ドルチ（Carlo Dolci）
　　　　1616 〜 1687年

この作品は、横長の絵画の一部です。元は『新約聖書』に記された「東方の三博士の礼拝」を描いたものだったと考えられています。2015年、カルロ・ドルチ展に合わせて行われた修復中に、放射線での調査によって、聖母マリアと幼子イエス・キリストの視線の先、右下にひざまずく三博士のうち、メルキオールと、もう一人の存在が明らかになりました。

「イヤだ、ねんねしない」

寝室に来た途端、謎の復活

「イヤだ、ねんねしない」
寝室に来た途端、謎の復活

「ねむい〜！」「うわぁ〜ん！」ってこの世の終わりなのかってくらいグズるからなんとかマッハで色々済ませてお昼寝するために寝室まで来たのに、寝室に足を一歩踏み入れた瞬間、謎の復活劇みせてくるあの現象なぁに？（笑）いやいや！ここでの謎の復活だけはマジでいらーん！！（笑）「え…あのグズりは一体なんだったの…？」と母は一人でもはや天井見上げちゃうわ（白目）あれだけ眠そうにしていたから「え、今日のおひとり様タイムは何しよ〜♡」って期待してしまったじゃん…！（涙目）
子どもの眠気が復活することを夢見てひとまず母の「寝たふり大作戦」実行するも鼻の穴に手を突っ込まれるわ、馬乗りされるわ、しまいには「今日ねんねしな〜い♪」…ねぇ今までの母の努力の時間はなんだったの…？（白目白目白目）

作品名　ダナエー（ティツィアーノに倣って）
　　　　1812年／エナメル・銅
作　者　ヘンリー・ボーン（Henry Bone）
　　　　1755 〜 1834年

全裸でカウチに横たわる美女を描いた官能的な絵画。ティツィアーノはルネサンス期の巨匠と呼ばれる画家で、ギリシア神話の王女ダナエーをモチーフにした絵画を少なくとも 5 点制作したとされています。本作はイギリスのエナメル画家、ボーンによる模作となります。

第 4 章

二人育児あるある

Common Scenarios of Parenting Two Kids

ダメ自分博覧会

上の子を叱りすぎて

上の子を叱りすぎて ダメ自分博覧会

下の子が産まれてから下の子のことでいっぱいいっぱいになってしまい、つい上の子ばかり叱りがち。上の子に対して「あぁ、今の言いすぎた…」って後になったら気づけるのにその瞬間は必死でそんなこと考えることも出来ない!!そんな自分に自己嫌悪な毎日。上の子の寝顔を見ては「こんなママでごめんね…」小さな声でいつも反省するんだけど…よく考えたらこの反省もう何回目?（笑）次の日になったら全部記憶がリセットされてまたエンジン全開で怒り散らかしている自分がいる。おおおおおかしいな?（棒読み）

作品名　バリーモアの聖母子
　　　　1505 〜 1510 年頃／油彩・カンヴァス
作　者　アントニオ・アッレグリ・ダ・コレッジョ
　　　　（Antonio Allegri da Correggio）
　　　　1489 年頃〜 1534 年

幼児キリストに授乳する聖母マリアを描いた絵画。この絵画はアイルランド貴族バリーモア伯爵家の血筋であるスミス＝バリー家で受け継がれていた時期があり、《バリーモアの聖母子》という呼称は、初代バリーモア男爵アーサー・ヒュー・スミス＝バリー（1843-1925）にちなんで付けられました。作者は、ルネサンス期のイタリアを代表する画家アントニオ・アッレグリ・ダ・コレッジョだと考えられています。

「ケンカするなら離れなさぁぁぁい」

「ケンカするなら
離れなさぁぁぁい」

雨の日外で遊べなくて一日家で過ごす日なんて多分120回はこのセリフ叫んでる。#体感　ケンカするなら離れたらいいのに、離しても離してもくっつくあなたたちは何？磁石なの？（笑）一緒に仲良く遊んでて楽しそうに笑いあってると思ったら2秒後にはケンカ開始。待って待って。さっきのさっきまで楽しそうに遊んでましたやん！！（笑）そしてケンカの途中からまた笑い声が聞こえ出しまた楽しそうに遊んでる…母には解せぬ…。きっとそうやって繰り返し起こるきょうだいゲンカに対してもっとスルーすればいいんだろうけどこのスルースキルの習得がマジで一番難しいんだよなぁ（遠い目）

作品名　メドゥーサの首
　　　　1597 〜 1598年頃／油彩・カンヴァスを貼った板
作　者　ミケランジェロ・メリージ・ダ・カラヴァッジョ
　　　　（Michelangelo Merisi da Caravaggio）
　　　　1571 〜 1610 年

楯に貼り付けられたギリシア神話の怪物メドゥーサの首を描いた絵画です。作者のカラヴァッジョは、バロック期のイタリアの画家です。彼は、力強い写実描写と明暗の対比によって立体的な表現をするキアロスクーロ（明暗法）によって、バロック期のイタリアの芸術に革新をもたらしたとされています。

「ママに相談しないで

自分たちで解決して」

「ママに相談しないで
自分たちで解決して」

「ママ〜何もしてないのに○○が叩いてきた〜」…も〜〜〜！いちいち私に報告しないでくれ〜〜〜〜〜！（怒）我が家は法廷なんですか？（笑）しかもこの法廷、24時間営業。私は裁判長だけじゃなくて検事も弁護士もぜえ〜〜〜〜んぶやれってか？w 示談でなんとかしてくれ頼む。大体きょうだいのどちらかがママへチクッてくるのよね（笑）毎日のように繰り返されるこのやりとり。夕方の忙しい時間にこうなると本当にイライラしちゃう！（笑）そんなこんなで終わりの見えない謎のケンカ。法廷で裁判長（母）が下した判決は…「どっちも悪ぅぅぅ〜〜〜い！！！！！」

作品名　砂丘の少年と少女
　　　　1870〜1890年の間／油彩・カンヴァス
作　者　デイヴィッド・アドルフ・コンスタント・アルツ
　　　　（David Adolph Constant Artz）
　　　　1837〜1890年

少年と少女がいる砂丘の風景を描いた絵画です。縫い物をする少女の手元を、地面に寝そべった少年が見つめています。作者のデイヴィッド・アドルフ・コンスタント・アルツは、19世紀にオランダで活躍した画家です。ハーグ派の代表的な画家であるヨゼフ・イスラエルスの漁師を描いた作品に刺激を受けたとされており、彼もしばしば漁師の絵を描きました。

「そぅいゃいつ寝返りしたっけ…」

下の子の成長記録 ザ、曖昧

「そういやいつ寝返りしたっけ…」
下の子の成長記録　ザ、曖昧

上の子の時は初めての寝返りの瞬間も、初めての一人座りした瞬間も、初めて伝い歩きした瞬間も、タッチした瞬間も全部全部記録に残してたのにな（笑）下の子は…なんかもう、気づいたら寝返りしてた。#成長が秒　すまん下の子（笑）大丈夫。しっかり記憶には焼き付いてる☆（笑）きっと上の子の時は成長していく1つ1つの過程がもう楽しみで楽しみで仕方なくって！下の子の成長ももちろん楽しみ！でもゆっくりでいいよ♡と思える二人目の余裕。そして全部記録として残してたかと言われると、それはなんか日々の忙しさに追われてモゴモゴモゴ…w私の心の中には、全部がちゃんと残ってる♡と信じたい今日この頃（笑）

作品名　幼子イエスを抱く聖母と幼児の洗礼者ヨハネ
　　　　制作年不明／油彩・板
作　者　「スカンディッチの嘆きの巨匠」と呼ばれる画家
　　　　活動期間1500年頃～1515年頃

作者は、研究者に「スカンディッチの嘆きの巨匠」と呼ばれる画家です。この正体不明の画家は16世紀初頭にフィレンツェで活動していたと考えられており、その名はフィレンツェ近郊のスカンディッチにある教会のために制作された《キリストの嘆き》を表現するパネルに由来しています。

「ケンカするなら　ママが貰います」

「ケンカするなら
ママが貰います」

取り合いのきょうだいゲンカが起こると最終こうなります（笑）貰います
と言いつつ貰ったこところでいらないけどw（小声）お互い全然譲り合
えないから、ついに母は提案するわけですね。世界一公平な決着方法
「ジャンケン」を☆（笑）さ〜これで平和に事はおさまるのか！？「ジャ
ンケン、ポン！」の掛け声が響き渡り、勝敗が決まる…ふぅ、これで平
和が訪れるか？と思いきや、その瞬間新たな戦争の幕開けでございま
す！！「なんでお兄ちゃんが勝つの！？ずるい！」とか
「お兄ちゃん、さっき絶対パー出すって言ってたのに！」
だってさ。はぁ…マジでジャンケンの意味☆（笑）

作品名　旧約聖書の象徴
　　　　1844年頃／油彩・カンヴァス
作　者　ホセ・グティエレス・デ・ラ・ベガ（José Gutiérrez de la Vega）
　　　　1791 〜 1865年

書物とハトが彫られた板を手に持った女性の姿が描かれた絵画。書物は
七つの封で閉じられており、これはキリスト教において人類の終末につ
いて記された『ヨハネの黙示録』で言及される「七つの封印」を表して
いると考えられます。また、ハトはキリスト教において聖霊を象徴する
シンボルです。

「ちょっかいを出すのやめなさい」

「ちょっかいを出すの やめなさい」

大体きょうだいの中にケンカをふっかけていく揉め事スターターがいるのよね（笑）本人に話を聞くと決まって「え？私何もしてないよ」としれっと言う（笑）でももっと詳しく聞いてみると「ちょっとお兄ちゃんのほっぺツンツンしてみただけだし」…だからそのツンツンやん、原因（笑）でも彼女の中の「何もしてない」っていうのも彼女の中では事実なんだとは思う（笑）そして彼女は次に言う。「ほっぺツンツンしただけなのにお兄ちゃんが急に怒ってきた」とwあたかも被害者ですと言わんばかりの表情を添えて（笑）まぁきっとちょっかい出す方は構ってほしいんだろうね。そしてされた方が嫌なのももちろん当たり前に分かる。でも母としては嫌がっているのにツンツンすんなよ〜とも思うし、ツンツンしたくらいでそんなに怒るなよ〜とも思うのである（笑）

作品名　幼子イエスを抱く聖母と幼児の洗礼者ヨハネ
16世紀頃／油彩・板
作　者　フランチェスコ・グラナッチ
（Francesco Granacci）
1469 〜 1543年

屋外で幼子イエスを抱く聖母マリアと、幼子の姿をした洗礼者ヨハネを描いた絵画。作者のフランチェスコ・グラナッチは、フィレンツェで活動したイタリア・ルネサンス期の画家です。15世紀後半の人気画家ドメニコ・ギルランダイオの工房で学び、同じくギルランダイオに師事したミケランジェロとは生涯の友となったとされています。

「下の子が口に入れちゃうって」

上の子が出した小物を拾う母

「下の子が口に入れちゃうって」
上の子が出した小物を拾う母

下の子が少しずつ動き回るようになり小さい物を食べてしまわないよう母はかなり落ちているものにシビア。いつもため息をつきながら床を這いずり回り、床に散らばった小物を拾い集めているような気がする（笑）#床と大親友「も〜。使ったらちゃんと片付けてよ！下の子が今何でも口に入れちゃって大変なんだから！」と、私ももっと優しく伝えられれば良いのについイライラして厳しめに言ってしまうんだよな〜。だって毎日同じこと言ってるんだもん！（涙）下の子が手に取ったこまごましたものを母は次々と阻止！（笑）そしてまたハイハイで次の「標的」へと向かって進むのであった…。

作品名　落穂拾い
　　　　1857年／油油彩・カンヴァス
作　者　ジャン＝フランソワ・ミレー
　　　　（Jean-François Millet）
　　　　1856〜1858年

三人の農婦が、刈り取りが終わった後の畑に落ちている麦の穂を、一つ一つ拾っている様子を卓越した技術で描いた有名な絵画です。ミレーは、深い洞察力と情愛を持って勤勉な生活を送る農村の人々を描き続けました。代表作《種をまく人》は、力強く生きる農民を描いて評価されましたが、同時に、農民を鼓舞する政治的なメッセージと捉えられ、当時の保守的な人々から非難もされました。

「ちょっと待ってね〜今行くからね」

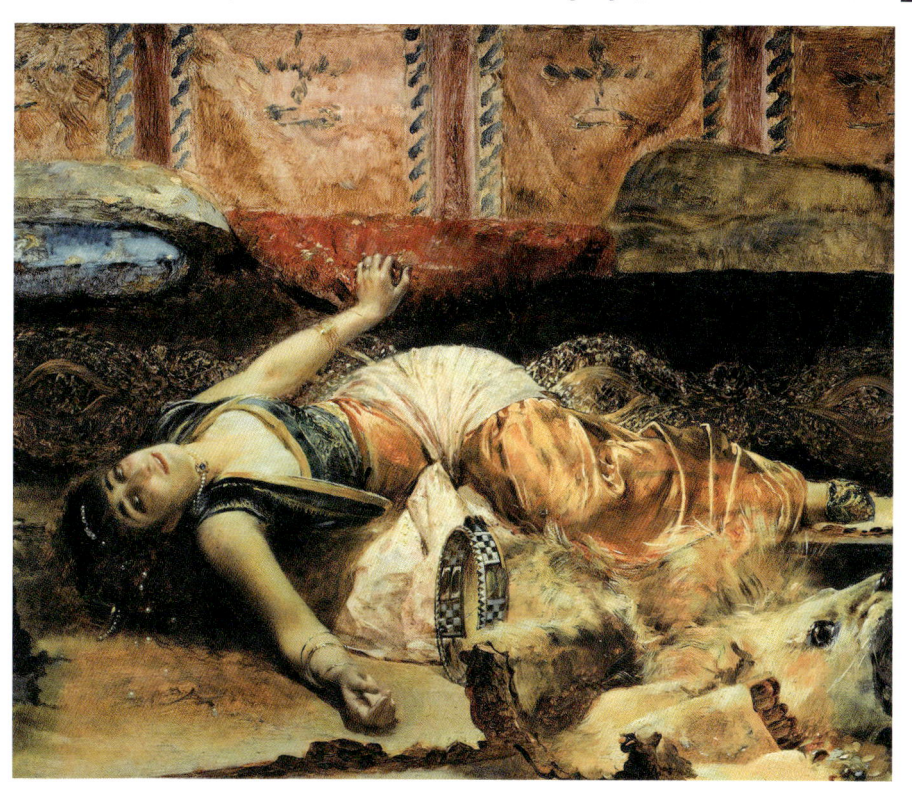

下の子が泣いても焦らない

「ちょっと待ってね〜今行くからね」
下の子が泣いても焦らない

一人目の子が泣いた時なんてすぐ駆けつけてたけど、二人目となるとちょっと泣いたところでいい意味で焦らなくなったなぁ…良い意味でね！（笑）泣いても、それが本当に大変なことなのか、それともただ「構って」っていうアピールなのかを母も段々見極めるスキルが自然と身についてしまった！（笑）そう思うと、一人目の時にはこんな風に考えなかったな。子どもが泣いた瞬間、秒で手元の何かを放り投げてでも駆け寄ってた。それがたとえ自分のご飯中でも、洗濯物がエベレスト級に山積みに溜まってても（笑）二人目になった瞬間「泣くのもきっと自分でなんとかしようとする力が育まれるはず…！」とさえ考えることも出来るように（笑）すぐに駆けつけるスピードと愛情が比例してるかと言ったら、それはぜ〜んぜん別の話よね〜♡（笑）

作品名　タンバリンを持つ東洋の少女
　　　　制作年不明／油彩・カンヴァス
作　者　エドゥアール・フレデリック・ウィルヘルム・リヒター
　　　　（Édouard Frédéric Wilhelm Richter）
　　　　1844 〜 1913 年

獣の敷物の上に横たわる異国の少女の絵画。少女の傍らにはタンバリンが置かれています。19 世紀のヨーロッパでは、東洋趣味（オリエンタリズム）が流行しました。この絵画も、西洋の人々にとって理想化されたエキゾチックで魅惑的な東洋の少女を描いたものです。

「ママ抱っこ「ママがいい」
「ママ抱っこ抱っこ」

泣きのカオスデュエット

「ママ抱っこ」「ママがいい」
「ママ抱っこ抱っこ」
泣きのカオスデュエット

二人してなぜか競い合うかのように声を張り上げて、まるで「どっちの泣き声が大きいか選手権」を開催しているように感じる時ない？（笑）これがまだ家で起こることならまだしも（それでもマジでキツイけど）、出先とかだったら本当にこっちまで泣きたくなるよね。レジで会計待ちしている時とか、カートに乗せている時とか電車の中とかね（涙）「私が泣いてもいいですか？」って思う瞬間が何度もある（笑）完全に疲労困憊。

その時、ふと気づくの。さっきまで傍にいたはずの夫が…いない。「え、どこ行ったの？」と周りを見回すけど、姿はどこにも見当たらない。もしや…と思い、数分後、案の定、「トイレ行ってた〜」と戻ってくる夫。この、手が足りなくて居てほしい時に限って夫がトイレにいるの…なぜ？（笑）

作品名　カインとアベル、アダムとイブ
　　　　17世紀頃／油彩・カンヴァス
作　者　ジャチント・ジミニャーニ（Giacinto Gimignani）
　　　　1606〜1681年

地上のアダムとイブ、そして幼いカインとアベルが描かれた絵画です。『旧訳聖書』は、エデンの園を追放されたアダムとイブが、地上でカインとアベルという二人の息子をもうけたとしています。長じた二人の兄弟はあるとき、神にささげ物をしますが、神がアベルの品だけを受け取ったことで、カインはアベルに嫉妬し、殺害してしまいます。聖書において、これは「人類最初の殺人」とされています。

自然治癒力育む

「お家で様子見よ」

「お家で様子見よ」
自然治癒力育む

二人目の子の自然治癒の力が、一人目の時よりもかなり育まれている件（笑）何故だろう？二人目が生まれると、親としての「まぁ、大丈夫っしょ精神」が急成長☆（笑）一人目の時は、ほんの少しでも体温が上がったり、くしゃみが出たりすると、やたら慌てて「え！？何！？何か変な病気の前兆！？!？」ってすぐネット検索して見つけた不安な情報にさらに自ら追い打ちをかけてたな（笑）二人目となると少々熱が上がっても「体がウイルスと戦ってる証拠」と、自分に言い聞かせることが出来るくらい冷静になれてきた。あれか？これがベテランママか？（笑）これから先も下の子の自然治癒力と母の「まぁ、大丈夫っしょ精神」は更なる成長をとげてゆくのであろう（笑）

作品名　聖家族
　　　　1518 ～ 1530 年の間と推定／油彩・板
作　者　フランチェスコ・ザガネリ・ダ・コティニョーラ
　　　　（Francesco Zaganelli da Cotignola）
　　　　1475 ～ 1532 年

聖家族を描いた絵画です。この絵画では、幼子イエス・キリストが鑑賞者の方を向いて、じっとこちらを見つめています。その一方で、聖母マリアと養父ヨセフは、ほとんど目を閉じて、静かに祈りをささげながら頭を垂れています。その頭の角度は、天使のものと似ています。

「ママほらみてみて」「見てるよ」

止まらない見て見て祭り

「ママほらみてみて」「見てるよ」
止まらない見て見て祭り

朝からずっとバタバタで、やることがてんこもり。かといって家のことは放っておけない…でもそんな時に限って、タイミング良く（悪く？w）「見て見て」が始まる。「すご〜い！面白いね〜！」とか「やるじゃ〜ん！さっすが〜！」って最初はそうやって言えるけど、それが何度ともなると…なかなかそうもいかない。心に余裕がある時はそんなふうに優しく言えるんだけど、ぶっちゃけそうじゃない日の方がほとんど（笑）あまりに「見て見て」がすごいと段々こちらも「見てるってば！！！（怒）」って悪い言い方しちゃって「あ、やっちゃった」と内心ちょっと後悔することも。たまに母のリアクションに子どもは不満足だったのか「本当に見てた？」と抜き打ちテストが入ることがある（笑）す…鋭いw

作品名　聖家族
　　　　18世紀頃／油彩・カンヴァス
作　者　ジャン＝フランソワ・クレルモン
　　　　（Jean-François Clermont）
　　　　1717 〜 1807年

自然の中にいる幼子イエス・キリストと聖母マリア、そして洗礼者ヨハネを描いた絵画です。作者のジャン＝フランソワ・クレルモンは、フランスの画家です。デザインやエッチング（銅版画）などの芸術活動も行い、アカデミーのデッサン教授となりましたが、晩年は、手元に残っていた絵画と図面を売却し、貧困の中で亡くなりました。

「譲り合いなさい」

急に湧く玩具への愛着

「譲り合いなさい」
急に湧く玩具への愛着

誰も興味を示さず、まるで透明になったかのように放置されていた玩具（笑）それをどちらかが「暇だなー」ってふと手に取った瞬間、戦争勃発 w 待て待て。なんでそれを今取り合うんだ？最近ずっと二人ともそれで遊んでなかったじゃん !!! と母は声を大にして伝えたい（笑）ずっと放置されていたおもちゃが、突然二人の「宝物」になって取り合いが始まる現象、これマジ何？（笑）その玩具、ここ最近は部屋の片隅でずっとホコリをかぶっていたじゃないか。今までの無関心は何だったんだ !?（笑）しかも、その争い方がまた絶妙。お互い譲らないし、引っ張り合い、奪い合い、そして泣き叫ぶ。マジで勘弁して（白目白目白目）

作品名　聖家族と幼児の洗礼者ヨハネ
　　　　制作年不明／油彩・カンヴァス
作者　　ヨハン・エドゥアルト・ヴォルフ
　　　　（Johann Eduard Wolff）
　　　　1786 〜 1868 年

幼子イエス・キリスト、聖母マリア、養父ヨハネ、そして幼児の姿の洗礼者ヨハネを描いた絵画です。聖家族はみな穏やかな表情をしており、背景の自然風景が静けさと平和な雰囲気を強調しています。作者のヨハン・エドゥアルト・ヴォルフは、1786 年に生まれたドイツの画家です。歴史画や肖像画をよく描きました。